AF562716

TRAITÉ DU SERMENT LITIS DECISIF,

Extrêmement nécessaire à tous Juges, Avocats, Praticiens, & generalement à tous.

Contenant en iceluy la façon de proceder en toutes sortes de serments, comme étant le seul remede pour assoupir les Procés.

Autorisé par les Edits des Ducs de la Royale Maison de Savoye, & par les Arrests rendus par le Souverain Sénat, servant de Reglement.

Par Spectable GASPARD BALLY, Avocat au Souverain Senat de Savoye.

Vû & corrigé par le Souverain Senat.

A ANNECY,
Chez HUMBERT FONTAINE, Imprimeur & Libraire.

M. DC. XCIX.
AVEC PRIVILEGE DU SENAT.

TRAITÉ DU SERMENT LITIS-DECISIF.

Quels differens doivent être decidez par le Serment, jure jurando causas, *Cap.* 131. *du vieux Statut.*

NOus ordonnons que les differens, & causes soient decidées par le Serment qui seront du fait & science des Parties plaidantes tant seulement ; & partant si le demandeur defere le serment au Defendeur, alors il faut qu'il jure, ou refere le serment ; par le moyen duquel, soit par la delation, ou relation, on mette fin au procés, sans autres formalitez, ny procedures. Et au contraire, si le Deffendeur propose des exceptions de solution, compensation, pacte de n'en demander rien, & autres conventions faites entr'eux, dont le Demandeur ne puisse pretendre cause d'ignorance, le Deffendeur pourra deferer le serment au Demandeur, & ainsi le different sera decidé par la voye du serment. Que si le Deffendeur aprés avoir nié le contenu de la requête du Demandeur, pour toutes exceptions, luy defere le serment, alors le Demandeur refusant de jurer, Nous commandons que le Deffendeur soit renvoyé quitte & absous, & le Demandeur condamné aux dépens de l'instance. Voulans que nos Juges décident les causes qui se doivent terminer par serment, sans autre formalité, à peine de cent sols forts, aplicables à nôtre Fisque.

CHAPITRE PREMIER.

...erment est l'unique remede pour assoupir les proccés.
...luy qui jure doit être certain du fait sur lequel il ...
...sonnes qui ne peuvent deferer ny referer le serment.
... ausquels celuy à qui on a deferé le serment; est ... de jurer, sans le pouvoir referer.
... est ...able d'offrir le Serment sur du fait ... pas pû prouver par témoins.
... auquel le Serment est tenu pour prêté.

...Aximum remedium expediendarum litium, in ... usum venit jurisjurandi Religio, quâ contemptâ, ... ultorem habet, dit le Jurisconsulte latin, *... ff. de jurejur.*

...quel Serment a été étably pour tirer la preuve ... sciences quand elle est cachée, pour lier nos ... avec nos paroles, & nous renverser comme ... au dehors; c'est pourquoy les premiers ... ont tellement honnoré le Serment, ... ont ordonné que tous les differens & procez ... dassent par luy.

...manthus n'a jamais jugé aucun procez en ... que par le Serment; & telle coûtume a duré ... au tems de Platon, qui au douziéme livre ... Loix, exalte la façon de jurer par le serment: ... considerant l'ancienne corruption de son sie... ne conseille pas de pratiquer telle coûtume, à ... des parjures qui se commettoient en ce tems, ... que plusieurs doutoient s'il y avoit des Dieux, ... parle Seneque.

Sunt qui infortuna jam casibus omnia ponunt,
Et nullo credunt mundum, rectore moveri,

Atque ideò intrepidi quacunque Altaria tangunt,

Les autres croient qu'ils ne se soucient des hommes; les troisiémes, qui pouvoient dire de bouche ce qu'ils voudroient, pourveu qu'ils eussent d'autres pensées dans le cœur : aussi ce maudit parle, *Juravi lingua, montem injuratam gero.*

2. Qui seront du fait & science des Parties plaidãtes.

Il faut que celuy qui jure sçache & soit certain de ce qu'il jure : aussi S.Ambroise dit *scientia judiciũ est, & testimoniũ conscientia, juramentũ*, tellement qu'il faut que celuy qui jure aye connoissance du fait sur lequel il jure, veu que on ne peut jurer sur le fait d'autruy, *l.admonendi, ff. de jurejur. & ibi Gloss.* & DD. *communiter.*

3. C'est pourquoy si bien par disposition de droit l'héritier & le défunt ne sont qu'une même personne,& on ne pourra contraindre l'héritier de jurer sur le fait du défunt, *l. Marcellus, §. jurare ff. rer. amot.*

De même le Procureur ne peut jurer ou referer & deferer le serment, sinon qu'il aye cõmandement exprés pour la [illegible]ation, relation du serment, *l. jus jurandum quod ex conventione* 17. *& l. seq. ff. de jurejur.* personne ne pouvant être reçû par son Procureur, d'autant qu'il faut que la Partie jure elle-même en personne, *Cap. veritatis, ext. de jurejur.*

Il y a toutesfois certains cas ausquels le Procureur peut jurer pour sa Partie, lesquels on pourra voir chez Mr le Président Favre, *def.* 31. *C. de reb. credit. & jurejur.* La Paroisse peut jurer en la personne de ses Syndics & Procureurs qui sont de la même Paroisse qui ont cõnoissance du fait, *l. Municipibus.* 97. *C. de cond.* & demonstrat Faber *def.* 40. *C. de reb.credit. & jurejur.* De plus le Tuteur pour son pupil, de ce qu'il sçait : que si le Tuteur defere le serment,& on le luy refere, il ne se pourra excuser de jurer, *cum imputare* [illegible]debeat cur detulerit si nolebat ex relatione jurare.

Alors il faut que le Deffendeur jure, ou refere le Serment.

[illegible]cy est pris de l'Edit du Preteur *cum aquo jus [illegible]dii petetur, solvere aut jurare cogam, l. jurisjurandũ, ad pecunias, §. ait prator, ff. de* [illegible] *[illegible]rejur.*

[illegible]prés que le serment a été deferé par le Deman[illegible], on donne délay au Deffendeur pour répondre [illegible] delation, pendant lequel le Demandeur peut [illegible]quer la delation qu'il a fait, *l. noverit, §. fin. ff. de [illegible]rand.*

[illegible]outesfois s'il vient à notice au Deffendeur de [illegible]voir prouver son intention par autre moyen que le serment, alors il se pourra desister de l'accep[illegible] par luy faite, & demãder d'être reçû à la preu[illegible] autre voye que par le serment, n'étãt obligé [illegible] referer, tout de même que celuy qui a deferé [illegible]ment, voyant que le Deffendeur est prest de [illegible], & mettre les mains sur les saintes Reliques, les [illegible] ceremonies ayant été faites, & pourra empê[illegible]que le Deffendeur ne jure, voulãt prouver son [illegible]tion par autres moyens que par le serment. Et [illegible] le Sénat l'observe, cõme dit Mr le Président Fa[illegible], *def. 22. C. de reb. credit. & jurejur. & def. 3. ibid.*

On peut referer le serment à celuy qui la deferé, [illegible] qu'il ignore le fait sur lequel luy-même le de[illegible]. Cravet, *cons. 203. n. 26. per totũ.* Que s'il dit *se [illegible] jurare de facto, quod antiquius sit decennio, & cujus [illegible]moriam ideo excidisse credendũ sit, bona erit ratio, [illegible] cogatur in dubia conscientia jurare sed uti nè sit co[illegible]ndus, referre aut soluere, quia sufficit tale factum esse [illegible] quo jurari possit, licet volenti jurare justam causam [illegible]entis cui delatum est, placuit tamen temporamentum [illegible] is cui jusjurandũ defertur, dicet se immemorem, & [illegible] jurare nolit, nec referre permittendũ sit deferenti, ut præstet jusjurandum purgatorium, cujus tamen in e[...] minor vis quam decisory, quod admittit probationem in contrarium : sed si is qui jurare non potest, mali[t] referre, audiendus est* Fab. *def.* 9. *in alleg. n.* 3.

Les personnes infames, & déclarées telles, ne peuvent deferer, ny referer le serment, ainsi que dit le même, *def.* 17. *C. de reb. credit. & jurejur.*

De plus le cohéritier ne peut deferer le sermen[t] sans le consentement de l'autre héritier, & même si la mére a des enfans sous sa tutelle, les uns desquels soient pupils, les autres mineurs, on ne pourra contraindre de jurer celuy à qui la mére a deferé le serment, ou à le deferer, que les mineurs ne consentent à la delation, *idem def.* 21. *C. de reb. credit. & jurejur.*

Il y a certains cas où celuy à qui on defere le serment est cōtraint de jurer, sans qu'il le puisse referer. Si on a fait telle delation surabondāment, à savoi[r] à celuy-là qui hors du serment, a des prouves litteratoires, *unde exploratam causa habeat victoriam*, toutesfois encore que par les tîtres il conste du droit de celuy qui defere le serment, si la Parti[e] adverse jure, celuy qui a deferé le serment sera condamné, *quoniam imputare sibi debet, quia adversarium in causa sua judicem constituerit*, dit le même, *def.* 26. *C. de reb. credit. & jurejur.*

Celuy à qui le Juge a permis de jurer, le peu[t] faire nonobstant l'appel, & sans préjudice d'iceluy, la Partie presente, ou du moins qu'elle est censée presente, par le moyen des deffauts obtenus à son préjudice, *idem def.* 6. *C. eod.*

(Et par contre le Deffendeur propose les exceptions de solution.)

Il arrive souventesfois qu'on tâche de prouver son intention par témoins, qui donne sujet de sçavoir si ayant voulu prouver par témoins, & ne l'ayant p[u]

...ire on sera recevable à offrir le serment *litis decisif.*

... Monsieur le Président Favre en la *def.* 28. *C. de ... cred. & jurejur.* dit, qu'avant que l'enquête soit ...verte, il semble que la chose soit sans difficulté, ... *parum referat, an testes nondum sint auditi, an auditi, ut quid dixerint nesciri possit*, mais aprés ... l'enquête a été ouverte, il semble que l'on n'est ... recevable au serment.

Il y en a toutesfois qui croient encore, *eo demum ... denegandum jurisjurandi deferendi licentiam, quo ... alias probationes tentatas jusjurandum, delatum ... & subinde revocatum* : & telle question ayant ... agitée, il fut jugé, *illo etiam casu quo nondum ... ita sunt testificata, si modo omnis via probandi ... fit, alioqui quando probandi tempora largiren... non esset prohibendus, jusjurandum referre qui ... probationes tentasset, dummodò non tam semel ante ... tatas jusjurandum detulisset.*

... si cum delatum à se juramentum revocasset ... a via probandi per testes exclusus esset, placuit ... si postea beneficio Principis ad probandum ad... etiam jusjurandum ex integro referre posse, ... principale beneficium Principis, & restitutionis ple... recipiat interpretationem.

... si quis ad probandum hoc adjecto, ut pars in ... non videtur de jurejurando cogitatum, ... contra probationem quæ fit per jusjurandum proba... admitti potest, ainsi que dit le même *in alleg. hanc def. n.* 9.

...oulant que nos Juges décident les causes qui au... été terminées par le serment, sans autres formalitez.)

...prés qu'on a juré, le Juge ne se doit enquerir ...re, sinon si on a juré, & prononcer sur le ser... sans autre formalité de procés ; sur quoy il faut prendre garde que la Sentence qui condamne les Parties de jurer ne passe en jugé avant qu'on aye juré : Faber *def.* 25. *C. de reb. cred. & jurejur.*

Que si aprés qu'on a juré, *novæ ex instrumentis probationes emergant*, par lesquelles le parjus soit découvert, on ne donnera pas aucune peine à cause du parjure, le châtiment de tel délict, étant reservé à Dieu seul : mais on condamnera celuy qui a juré tout de même que s'il n'avoit pas juré, *ne ex perjurio suo improbum émolumentum consequatur, idem def.* 24. *C. de reb. credit. & jurejurand. item def.* 3. *C. eod.*

Maintenant il faut examiner les cas où le serment est tenu pour prêté, & savoir si celuy qui a été condamné de jurer ou referer le serment, est mort avant que de jurer, ou referer étant prêt de ce faire, n'ayant tenu à luy de jurer, alors il est tenu pour avoir juré, étant permis à son héritier de jurer s'il veut.

Que s'il y a de la demeure & retardation, soit en l'acceptation, relation, ou dans la déliberation d'accepter ou referer, *non est aquum ex ejus morte deteriorem fieri conditionem adversary qui detulit jusjurandũ*, & principalement si le fait dont il s'agit est de telle matiere, que l'héritier ne puisse jurer *propter justam ignorantiam*, & partant le serment doit être tenu pour referé, que non pas pour prêté, ou deferé.

Que si celuy qui devoit jurer, ou referer, est mort, *nec declarata voluntate, nec contracta mora, causa nulla est cursus jusjurandũ pro relato haberi debeat, potius quam pro præstito, alioqui sola mors damnum afferat ei qui jurare, ac jurando vincere potuisset*, dit Mr le Président Favre, *def.* 32. *C. de reb. cred. & jurejur.*

Toutesfois si la demeure a été purgée par la Sentence interlocutoire du Juge, & pendant ce tems celuy qui n'a voulu jurer est mort: alors le sermẽt ne sera tenu pour referé, *tametsi liberis defuncti deferri non possit, idem def. seq. C. eod.* Voyez les definitions 14. & 15. eod. tit.

Chapitre II. du Statut.

NOus défendons qu'on ne jure sur les Reliques de Monseignr S. Antoine, mais sur les saintes Ecritures, & Evangiles tant-seulement, sinon que ce soit pour quelque chose grandement importãte, ayãt égard à la qualité de l'affaire, & des personnes plaidantes, ainsi que le Juge verra être à faire par raison.

1. *Diverses façons de jurer.*
2. *La façon de jurer dans le Païs de Savoye.*
3. *Les Prêtres doivent jurer en secret.*
4. *Il faut jurer à la forme deferée.*
5. *En jurant il faut observer les ceremonies accoûtumées.*
6. *La peine des parjures.*
7. *Celuy qui a juré ne peut pretendre aucuns dépens.*
8. *Des Serments de calomnie, en plaid, & supletif.*

1 LA façon de jurer a été differente en chaque Nation : Les Juifs mettoient les mains sur les cuisses les uns des autres, prenant à témoin Dieu, & toutes ses puissances : Les Sites, aprés s'être liez les poulces, se piquoient, & suçoient le sang qui en sortoit, invoquans leurs faux Dieux.

Le Serment des Perses étoit Apollon : celuy des Thebains, Osiris ; & tous ont gardé la ceremonie de toucher les Autels, ce qu'ils apelloient jurer corporellement, aussi le Poëte dit :

Tango aras, mediosque ignes, & numina testor.

Les autres juroient *per genium Principis*, ce que plusieurs Princes ont souffert, sinon l'Empereur Tibere qui deffendît expressement qu'on ne jurât par son nom.

Quelques-uns par les sepulchres & cendres des morts, comme Demosthene, lors qu'il assuroit quelque chose au peuple, il juroit par les cendres de ceux qui avoient vaillamment combattu, en la bataille de Maraton.

Les Romains en jurant usoient de ces mots : *Si sciens fallo, tu me Diespiter salva Urbe, arceque bonis dejiciat ut ego hunc lapidem dejicio.*

2. En ce Païs de Savoye on a coûtume de jurer en deux façons, à savoir, ouvertement & secret : Ouvertement, dans l'Eglise de S. Antoine sur ses Reliques, avec des ceremonies particulieres, pour rendre la chose de plus grande véneration ; SIMMACHUS dit *Omnia quidem Deo plana sunt, nec ullus perfidiæ tutius est locus, sed plurimū valet ad metū delinquendi etiam præsentia Religionis urgeri.* Le Sage Salomon parle de la sorte, *si peccaverit homo in proximū suum, & habuerit aliquod juramentū quo teneatur astrictus, & venerit propter juramentū coram altari tuo, in domū tuam tu exaudies in Cœlo, & judicabis servos tuos, condemnans impium, & reddens viam suam super caput ejus.*

En secret, dans la maison du Juge, sur le saint Cane ; & tel serment se pratique entre les personnes de remarque, comme Gentilshommes, Avocats, & autres personnes de condition.

On peut contraindre toutes sortes de personnes de jurer, tant Laïcs, qu'Eclésiastiques, sur les saintes Ecritures de Dieu : Panormitanus, *in cap. si Christus, n.* 10. *ext. de jurejurand. Gloss. &* DD. *in cap. ut circa in verb præstito juramēto de elect. in* 6.

La raison pour laquelle les Prêtres doivent jurer sur les saintes Ecritures, & en secret ; & comme ils sont des personnes sacrées on leur doit porter un respect particulier, & telles personnes doivent être en veneration : Aussi il semble que Platon, Philosophe, n'a pas mal rencontré quand il a dit ; *Cave ne hæc rudibus committas, hi enim derident quod sapientes admirantur.*

Les Loix Civiles ont usé d'une grande circonspection envers les Prêtres, voulant que les Juges ne les puissent contraindre de jurer, ainsi qu'il est décidé formellement par l'authentique *Sed Judex, Cod. de Episc. & Cleric.* dont voicy les mots, *sed Judex mittat ad eos quosdam de suis Ministris, ut propositis sacrosanctis Evangeliis secundum quod decet Sacerdotes dicant ea quæ noverint, non tamen jurent,* lequel privilege étoit accordé aux Prêtres des Romains pendant le Paganisme.

Les Vierges consacrées à Vesta, & les Flamines qui étoient des Prêtres sacrificateurs, cōme on en trouve quelques vestiges chez Aulus Gellius, *lib.* 10. *cap.* 15. Fenestella *lib. de Sacerdotibus, cap.* 6. Plutarque en ses Problemes, *cap.* 4. entre autres, raporte trois raisons : la premiere, parce qu'il semble que ce soit une espece de gehenne que cette contrainte de jurer, chose indigne de la qualité Sacerdotale.

La seconde, parce que l'on doit croire à la simple parole de celuy à la Foy duquel les Mystéres divins sont remis.

La troisiéme raison, parce que le serment porte & traîne toujours quant à soy, quelque imprecation malheureuse : & toute éxecration doit être abominable à cette condition, qui n'est établie que pour benir & apaiser toutes coléres, contentions & conteste ; & pour cela cette Vestale fut loüée, qui commandée par le peuple de maudire & excommunier Alcibiades, répondit que sa condition l'obligeoit à faire des prieres, non pas des imprecations.

4. Il faut jurer à la forme deferée, & ainsi observe le Sénat, comme l'on voit par quantité d'Arrests rendus : l'un du 30. Juillet 1628. entre le Sieur Maistre Auditeur Du-Port, & un nommé Deperses qui avoit deferé le serment sur les Reliques de Monseigneur S. Antoine, Mr Du Port étant Avocat, quelque tems aprés étant pourvû à la dignité de Maistre aux Comptes, il demandât que le serment fut moderé, & qu'il fut reçû à jurer en secret sur les saintes Ecritures de Dieu, ainsi que dit la Loy; *ad egregias personas, ff. de dec.*

En l'année 1633. le Sénat condamnât le Sieur Président De-Chales, de jurer sur les Reliques de S. Antoine nonobstant sa Charge de premier Président, le serment luy ayant été deferé de la sorte par Spectable Estienne Pavy Avocat au Sénat. Il condãna aussi le Sieur de Bellegarde, le serment luy ayant été deferé par Me Bastardin, sur les Reliques de S. Antoine.

5. En jurant il faut observer les ceremonies accoutumées qui sont de l'essence du sermẽt ; de sorte que si on ne les observe pas, il sera nul si la Partie s'en pleignoit : que si elle n'en dit mot, il subsistera, parceque par telle taciturnité, les ceremonies *censentur remissa.* Fab. *def.* 25. *C. de reb. cred. & jurejur.*

Les solemnitez sont telles pour ceux qui jurent en secret, *Ut flexis genibus juretur, cu'uscunque dignitatis & conditionis sit is qui jurat, prahabitâ etiam monitione ut intelligat quàm periculosum sit perjurare aut ancipitem perjurij aleam subire*, laquelle remontrance se peut faire de la sorte :

Il faut bien prendre garde comme l'on jure ; car si bien les loix civiles ne punissent le parjus, Dieu ne laisse impuny un crime si éxecrable, commis contre la Divine Majesté ; aussi l'Empereur Alexandre dit : *Iurisjurandi contempta Religio satis Deum ultorem habet* : Et un Poëte,

Hà miser & si quis primo perjuria celat,
Cera tamen tacitis pœna venit pedibus.

Et non-seulement Dieu maintenant punit les parjus, mais parmy les Idolâtres & Payens tel crime étoit châtié rigoureusement : & non-seulement les parjus, mais encor la punition passoit jusques aux enfans & néveux, qui fait parler de la sorte à Claudian :

In prolem dilatarunt perjuria Patris,
Et pœnam merito filius ore luet ;
Et quas fallacis collegit ore parentis,
Has eadem nati, lingua refudit opes.

Il faut que ceux qui jurent en secret se dés abusent, de croire que le peché ne soit si grand de jurer sur le Saint Cane entre les mains du Juge, que sur les Reliques de S. Antoine, à la vûe [de] tout le monde ; mais ils se trompent, car jurant sur le S. Can[e] ils prennent pour témoin de leurs actions immédiatemét Dieu jurant par son Corps, & par son Sang précieux, le prenant [à] témoin du vray ou du faux qu'ils jurent Mais ceux qui jurent sur les Reliques de S. Antoine ne prennent à témoin qu'un Saint, & à la verité il y a bien plus de crime de s'adresser au Maistre directement, & faire Auteur d'un mensonge celuy qui est la verité même, que non pas de prendre un Serviteur pour témoin: car les ceremonies qui se font à S. Antoine, comme son de cloche, & choses semblables ne sont pas proprement de l'essence du Serment, mais seulement pour faire entendre aux personnes ignorantes la grandeur & importance d'iceluy.

7. Celuy qui jure ne peut pretendre aucuns dépens contre sa Partie, sinon qu'il aye obtenu sa cause, *ex alia causa, quàm ex jurejurando*, ainsi que dit Mr le Président Fayre *def. 1. C. de jure cred. & jurejurand.*

Voilà quant au Serment Litif decisif qui s'apelle de la sorte, parce qu'il met fin entierement au Procés.

Quant aux dépens le Serment étant prêté sur le fait de la Partie, ils seront adjugez à celuy qui a juré : & si c'est sur le fait de celuy qui obtint gain de cause, il n'y aura point de dépens, & ainsi le Sénat juge coutumierement.

8. Il y a trois trois sortes de Serments ; à sçavoir le Serment de Calomnie, le Serment en Plaid, & le Suppletif.

QU'EST-CE QUE LE SERMENT DE CALOMNIE.

On apelle Serment de Calomnie celuy que les Parties jurent dans les procés ; à sçavoir de ne rien dire ou faire calomnieusement, ou malicieusement : aussi on a coutume de mettre dans les procés, Affermant par foy véritable, avec serment.

DU SERMENT EN PLAID.

Le Serment en Plaid, s'apelle *serment d'affection, & estimation* qui se donne contre le Tuteur & Curateur qui a manié les biens du pupil douleusement, qui n'a pas fait l'inventaire des choses de l'hoirie, ou contre ceux qui retiennent des papiers, ou les ont brulez, ou recelez des titres, lequel Serment peut être demandé *ad maximam usq; quantitatem*, contre le Tuteur qui n'aura pas fait inventaire, ou aura manié douleusement les biens de son pupil, *l. alio jure, C. de in lit. jurand.* Mais le Juge le peut moderer & limiter à une somme moindre, cõme aussi la demãde, ainsi que bon luy semblera, *l. videamus 4. §. deferre, ff. de in lit. jurand.*

Le Serment en Plaid ne se donne jamais contre les héritiers, *nisi quatenus ad eos pervenerit*, où le plaid a été contesté avec le defunt, *quamvis ex parte agentis. Indistinctè in haredem hac facultas quasi pars actionis rei persecutoria transeat, dum tamen scientiam rei habeat aliquam, hares saltem ut de scientia sua & credulitate jurare possit, Pupillis tamen hoc juramentũ non defertur, sed benè minoribus, tutores autẽ nomine pupillorũ subire non cogũtur:* Voyez Mattheus *de afflictis, dec. 169. per tot.* qui parle de ce sermẽt.

DU SERMENT SUPLETIF.

Le Serment Supletif est demandé par celuy qui a fait entendre des témoins, & alors que la prouve n'est entiere, on demande d'être reçû au Serment Supletif; & afin qu'elle soit semy-pleine comme l'on dit, il faut qu'il y aye un témoin hors de tous reproches, lequel Serment est en usage en matiere d'enquête, & se doit demander en premiere instance, avant l'apointement en droit; car aprés on n'y est plus reçû, ny même en cause d'apel: Fab. *def.* 27. *C. de rebus cred. & jure jurand.* Ferrar. *in forma libell. respons. rei convent. in verb. iur. jurand. n.* 27.

On peut demander le Serment Supletif lors que l'on a prouvé la dete par témoins, toutesfois on n'a pas prouvé la quantité certaine laquelle peut être prouvée par le Serment Supletif: Bartol. *in l. Admonendi, n.* 46. *ff. de jurejur.* Cravet. *Cons.* 198.

Il faut que la Partie demande d'être reçuë au Serment Supletif, le Juge ne le pouvant accorder de son Office, s'il n'a été demandé par la Partie: Iason *in l. Admonendi, ff. de jure jur.*

IL RESTE MAINTENANT DE VOIR LES CAS OÙ LE SERMENT SUPLETIF N'A LIEU.

Premierement si ce que l'on demande n'est vray-semblable.

Secondement si celuy qui empêche de jurer disoit qu'il veut prouver par témoins, toutesfois il n'en n'a qu'un pour sa prouve, alors il ne sera recevable au Serment Supletif.

Troisiémement, si celuy qui veut jurer est convaincu de parjus, de fausseté, de Bâtard, d'Usurier & d'Infame.

Quatriémement, s'il s'agit de cause matrimoniale, beneficielle, ou criminelle, soit qu'on la traite civilement, ou criminellemẽt.

5. Si celuy qui a prouvé à moitié est ignorant du fait.

Sixiémement, Si ce pourquoy on demande tel sermens *sit insolutũ*, si la cause est prejudicielle, ou odieuse, par exemple, s'il s'agit de prescription.

7. Si la ſemy preuve ne prouve pas neceſſairement ; mais par preſomption, ou la même preſomptiõ ſoit abattuë par une autre.

Pour ſeptiéme chef, ſi la preſomption eſt contre celuy qui prouve un inſtrument, *teſtis fide ſubnixum*, ſi le deffendeur prouve à moitié, & le demandeur entierement ; ſi celuy qui empêche de jurer, diſant qu'il veut prouver par témoins, toutesfois il n'a qu'un témoin pour ſa prouve, alors il n'eſt reçu au Serment Supletif.

On pourra voir les autres cas en la definition 44. *C. de reb. credit. & jurejur. cum ib. notat.*

Il y a des autres ſortes de Serment, celuy des Témoins avant qu'ils dépoſent, ſoit par voye d'enqueſte, information où autrement : c'eſt pourquoy on dit que la dépoſition du Témoin qui n'eſt pas aſſermentée, n'opere de rien.

En ſecond lieu, le Serment des Tuteurs & Curateurs qui jurent entre les mains du Juge, de conſerver les biens des pupils & mineurs, & les adminiſtrer fidellement.

Pour troiſiéme chef le Serment des Magiſtrats, Juges, Avocats, Procureurs, Notaires qui jurent d'éxercer leur charge fidélement.

La quatriéme eſpece eſt la caution juratoire, lors qu'on contraint de donner une bonne & ſuffiſante caution ; ſi on ne le peut faire, on demande d'être receu à caution juratoire, n'en trouvant d'autre.

Il faut remarquer l'Arreſt rendu par le Senat le 17. Novembre 1626. par lequel il fut inhibé & deffendu à tous Magiſtrats & Officiers qui ne ſeront preſentez pour la preſtation du Serment accoutumé, d'éxercer, & faire aucune fonction de leurs Charges & Offices, juſqu'ils ayent comparu, & prêté le ſerment ceans, ou excuſez legitimement ; & juſques à ce ordonne que la juſtice ſera éxercée par les Lieutenans des Juges des Provinces, ou plus anciens Avocats & Procureurs des Sieges Mages, leſquels en tant que de beſoin, le Senat a commis & commet.

La façon de jurer ſolemnellement chaque année, des Magiſtrats, a pris ſon origine de l'ancienne Diſcipline des Romains, lorſque leur Republique étoit fleuriſſante, on éxigeoit le Serment des Juges, *ut non niſi jurati ſententias dicerent, ex quo praeclarũ illũ morem rogandi judices accepimus*, commé dit Ciceron, *qua ſalva fide facere poſſit*. Et en un autre lieu, *cũ illã judicandi cauſa tabellam, ſumpſerit, meminerit ſe Deum adhibere teſtem*, & le même s'obſervoit en Athenes, & par toute la Grece.

Il eſt auſſi à remarquer l'Arreſt rendu le 8me Janvier 1615. ſçavoir ſi le creancier peut referer au debiteur, le Serment Litis deciſif, qui dit que ſi bien *manifeſta turpitudinis eſt nolle*

...tere, vel juramentum deferre : toutesfois au cas où le creancier à qui est oposé l'exception *non numerata pecunia*, ne peut être leçû à referer le Serment Litis decisif au debiteur, mais doit prouver la numeration, *l. in contractibus, §. illo, C. de non numerat. pecun.*

Il faut aussi remarquer que tous Sermens doivent être faits en personne : que si l'absent qui ne peut venir, doit jurer, on l'admet par Procureur special, à condition qu'il prestera le Serment en personne par devant le Juge du lieu où il est, sa Partie apellée pour y assister, si bon luy semble, ainsi que le Senat ... entre Me Jaquilliard, & le Seigneur Baron de Miolans.

... verbal pour la prestation du Serment Litis ... sur les Reliques de Monseigneur S. Antoine.

Nous Juge ordinaire de la Baronnie de,... A tous qu'il apartiendra sçavoir faisons comme ce jourd'huy 28. jour du mois de May 1672. auroit comparu en nôtre Estude & maison d'habitation ; N. Procureur de, assisté de sa Partie, lequel nous auroit remontré comme au procez qu'il a par devant Nous contre Maître N. ayant été acheminé de prouver le fait de payement deduit au procés, duëmement circonstancié par an & jour, luy auroit été deferé le Serment Litis decisif sur les Reliques de Monseigneur S. Antoine, avec les ceremonies en tel cas accoutumées ; lequel auroit été accepté par N. sa Partie, & à ces fins renvoyé par nôtre Ordonnance du N. à ce jourd'hui pour prêter le Serment à heure de midy, attendant une : Requerant à ces fins de nous transporter audit lieu & Eglise de saint Antoine, pour recevoir le Serment à la maniere accoutumée en tel cas requis & necessaire.

Auroit comparu d'autre part Maître N. assisté de sa Partie, qui nous auroit remontré comme en l'instance qui est pendante par devant Nous, la Partie adverse luy auroit soutenu un fait de payement des sommes demandées qu'il auroit circonstancié par des circonstances imaginaires, sans que jamais sa Partie aye reçu aucun argent de la Partie Deffenderesse. Et pour mettre fin à tous procés, sa Partie auroit deferé le Serment Litis decisif sur les Reliques de Monseigneur S. Antoine à la forme accoutumée : & par nôtre Ordonnance il auroit été dit qu'elle viendroit jurer à ce jourd'huy à heure de midy : Nous priant à ces fins de Nous transporter en ladite Eglise pour faire les incombances en tel cas requis & necessaire, & donner actes aux Parties pour leur servir & valoir ainsi que de raison. Et Nous Juge susdit avons donné acte aux Parties respectivement de leur dire, requisitions, remontrances, pour leur servir & valoir ainsi que de droit & raison. Aprés quoy nous-nous serions acheminé de nôtre Maison dans l'Eglise S. Antoine, accompagné des Parties & de leurs Procureurs. Et étant entré dans la Sacristie, nous aurions fait faire lecture des fais de payemens soutenus au procés, avec la délation du Serment Litis decisif, & exception d'iceluy, ayant interrogé les Parties si elles vouloient executer nôtre Ordonnance, aprés avoir remontré à la Partie qui étoit prête de jurer, l'importance du Serment, & les châtimens dont Dieu punissoit les parjus tant en ce monde qu'en l'autre : & à la Partie qui faisoit jurer, le danger où elle se mettoit, veuque si sa Partie juroit à faux, il s'attiroit à soy la colére de Dieu, étant cause d'un peché si énorme, si à vray il étoit punissable, sachant le contraire de ce qu'il nioit ; & aprés plusieurs remontrances faites & [illegible] lectures des fais soutenus au procés, aprés qu'il nous auroit été requis par les Parties de nous transporter au devant du Grand Autel, où étant N. à genoux devant les Reliques de Monseigneur S. Antoine, aurions fait faire la lecture des soutenemens, faisans actes de lation de Serment & acceptation d'iceluy, aprés quoy N. les mains levées à la maniere accoutumée, la grande cloche battant à coups, en presence de sa Partie & Procureur auroit juré, touchant de la main les sacrées & saintes Reliques de Monseigneur S. Antoine, à sçavoir, d'avoir, *&c.* il faut dire le fait tout au long qui a été soutenu au procés, & de la façon qu'il a été soutenu de mot à mot. Duquel Serment ainsi prêté N. nous auroit requis acte pour luy servir & valoir ainsi que de raison. Ce que nous luy aurions accordé ; quoy fait, nous-nous serions retiré. Et en foy de tout ce que dessus, Nous aurions dressé le present Verbal, signé de nôtre main, scellé de nôtre Seel ordinaire, & contresigné par nôtre Greffier, clos & cachetté de nôtre cachet. A CHAMBERY, ce

FIN

www.ingramcontent.com/pod-product-compliance
Lightning Source LLC
LaVergne TN
LVHW010326230826
846091LV00009B/3777
9782011258694